AF297800

I27
n
20150

27
Ln 20150.

A MESSIEURS

MESSIEURS DE L'ASSEMBLÉE PROVINCIALE DE LA PARTIE DU NORD DE SAINT-DOMINGUE,

MESSIEURS,

Requiert humblement le sieur VEDEILHIÉ ;

Représente qu'ayant appris que l'HONORABLE Assemblée vient de SE procurer une Imprimerie, & que par Conséquent Elle EST dans l'Intention de se nommer un Imprimeur (car Elle EST FAITE pour protéger TOUTS les Etats & non pour s'EN EMparer) il croirait être indigne de jamais prospérer, s'il ne profitait de cette Occasion de L'informer que personne n'a Mérité Aussi bien Lui la Préférence pour cet Etablissement.

Les Raisons de cette Préférence, ou (ce qui revient AU Même) les Droits du Requérant à cette Place font,

1º, Les Mémoires qu'il A FAITS & ENVOYés à l'Administration précédente, Lesquels ont MIS M. de Marbois EN Etat de redresser par des Règlements pour l'Imprimerie PLUSIEURS Abus de trèsGrande Conséquence (1).

2º, La Dénonciation de DEUX Abus très-NUIsibles, l'un concernant la Gazette des Nouvelles, & l'Autre concernant les Imprimés pour le Service de l'Administration ; LAQUELLE Dénonciation A EU Lieu, d'une Part, dans la Requête présentée par le Requérant, le 16 de Novembre DERNIER, à l'Honorable Assemblée : d'autre Part, dans un autre petit Écrit intitulé : « Prix des Imprimés mentionnés dans les Comptes-rendus de M. de Marbois », envoyé par le Requérant à M. DE LA CHEVALERIE, alors Président de cette Honorable Assemblée (2).

3°, L'Instruction donnée en ce Moment par le Requérant, que l'Almanach du Cap-Français, ainsi que celui du Port au Prince, vendu ordinairement trois Gourdins, ne vaut réellement que deux Gourdins (3).

4°, La Proposition que fait en ce Moment le Requérant de procurer à touts les Abonnés aux Affiches dites Américaines, le Journal de l'Assemblée provinciale, moyennant la Somme de o; car il suffira, pour opérer ce Miracle, que l'Editeur de la Gazette des Nouvelles soit obligé de partager avec le Requérant la Somme provenante des Abonnements auxdites Nouvelles (4).

5°, La Correction par le Requérant d'une très-grande Quantité de Fautes habituelles dans les Feuilles d'Avis (5).

6°, La Peine qu'a prise le Requérant de s'instruire ainsi que l'ordonne le Code très-sage de la Librairie à touts ceux qui prétendent au Titre d'Imprimeur (6).

(1). EFFETS QU'ONT PRODUITS LES INSTRUCTIONS DONNÉES PAR LE REQUÉRANT A L'ADMINISTRATION PRÉCEDENTE.

I. La Duplication gratuite de la Feuille d'Avis du Port au Prince.

" Cette Libéralité forcée a fait manquer
" l'Occasion d'augmenter le Prix de l'Abonne-
" ment, comme c'était le Dessein des Editeurs
" des Gazettes: donc le Requérant peut se re-
" garder comme l'Auteur de cette Economie
" pour le Public, qui est de trente-six mille
" Livres par An. Ci - - - - - - -   36,000 ℓ.
" L'Existence du Dessein déraisonnable dont il
" s'agit aurait sans doute Besoin d'être bien
" prouvée, & le Requérant convient qu'il n'est
" pas aussi Satisfaisant en Preuves fur ce Point
" que fur les autres ; mais quoiqu'il ne puisse
" pas fournir des Preuves palpables de ce qu'il
" vient d'avancer, il peut cependant l'appuyer
" fur des Vraisemblances fi fortes, qu'il ne croit
" pas qu'elles laissent en Suspens aucune des
" Personnes qui les connaîtront. En Effet, qui
" pourrait douter que des Marchands, dont
" l'extrême Cupidité est fi notoire, aient volon-
" tairement laissé échapper l'Occasion d'aug-
" menter leur Recette d'une Manière fi juste en
" Apparence ? Cette Augmentation aurait eu
" Lieu assurément, car malgré la Fréquence
" des Instructions du Requérant, foit verbales,
" foit écrites, il n'est peut-être en ce Moment
" aucun Abonné à la Gazette, qui ne croie payer
" les Feuilles d'Avis : cependant Rien n'est plus
" faux que Cela ; elles leur font envoyées gra-
" tuitement ; & c'est fur cette Ignorance que le
" Requérant peut assurer, avec cette Franchise,
" cette Passion pour la Vérité qui étonnent tous
" ceux qui l'écoutent, que les Editeurs des Ga-
" zettes fondaient l'Espérance d'augmenter bien-
" tôt le Prix de l'Abonnement dans une Propor-
" tion à peu près égale à l'Augmentation du Vo-
" lume : & ce qui ajoute encore beaucoup à la
" Vraisemblance du Dessein dont le Requérant
" se glorifie d'avoir empêché les mauvais Effets,
" ce font les Infractions faites aux Règlements
" de M. de Marbois, après la Fuite de cet

» Administrateur : depuis ce Temps beaucoup
» de Choses Essentielles font interverties dans
» les Gazettes ; Elles n'ont plus le Volume
» requis & Elles ne font plus foliotées, ce qui
» se prête à de très-grands Désordres. L'Omis-
» sion des Folios favorise l'Omission de l'Envoi
» des Suppléments, Ruse dont les Effets peuvent
» être Affreux ; & la Diminution du Vo-
» lume facilitera, fous une Administration Aveu-
» gle ou complaisante, l'Augmentation du Prix
» en même Temps que celle du Volume. Il n'est
» fans Doute Aucun de ceux qui croient devoir
» payer les Feuilles d'Avis, qui fasse Difficulté de
» donner pour cet Objet Deux Gourdes de plus
» par An, Attendu que tant de Papiers ont bien
» l'Air de valoir Au moins une fi petite Somme,
» & Attendu Encore que le Journal de l'Assem-
» blée provinciale, qui Est bien moins volumi-
» neux, se paye douze Gourdes par Année. Le
» Prix de ce Nouvel Ouvrage doit fans Doute
» plaire infiniment Aux Editeurs des Gazettes,
» par les Conséquences que doit En tirer Qui-
» conque n'Est pas un peu Expert En Librairie.
» Il faut, doit-on dire, que l'Un de ces Deux
» Ouvrages foit beaucoup trop payé, ou que
» l'Autre ne Le foit pas Assez. A Touts ces Rai-
» sonnements, fi l'on joint Encore ceux qui vont
» suivre, On trouvera fans Doute qu'Aucun
» Axiome n'Est mieux prouvé que l'Assertion
» du Requérant ».

II. La Réduction du Prix des Avis.

« Le Requérant s'était beaucoup récrié contre
» Leur Cherté dans ses Mémoires présentés par
» MM. DE COUSTARD Commandant, &
» BOURON Conseiller, aux Chefs de l'Adminis-
» tration En Exercice lors de la Réunion des Deux
» Conseils : ses Déclamations occasionnèrent
» bientôt des Règlements qui taxèrent les Lignes
D'AUTRE PART, 36,000 l.

D'AUTRE PART, 36,000 l.

» à vingt Sous chacune. Le Requérant procura
» donc au Public une Economie annuelle de
» quatre-vingt-mille Livres, au moins ; car il
» y a bien au moins ce Nombre de lignes dans
» la Gazette de toute une Année. Ci - - - - - 80,000 l.
» Quelque Temps après, des Raisons qu'il ferait
» trop long de détailler ici, ayant fait désirer
» au Requérant d'être nommé rédacteur de la
» Gazette d'Avis au Port au Prince, il pria M.
» BOURON, Conseiller, de dire à M. l'Intendant
» que puisqu'il avait oublié que les Mémoires
» de VEDEILHIÉ apprenaient que les Lignes ré-
» pétées dans la Gazette ne vallaient pas au-
» tant que les Lignes qui y étaient insérées pour
» la première Fois, cet Imprimeur-Ouvrier fup-
» pliait de vouloir bien réparer cette Omission
» en le nommant rédacteur de la Feuille-d'Avis,
» & en enjoignant à l'Editeur de cet Ouvrage
» extrémement incorrect de lui donner, pour fes
» Honoraires, les dix Sous perçus de trop fur
» chaque ligne répétée. Cette Demande ne fut
» pas accordée ; mais cependant M. l'Intendant
» ne crut pas pouvoir fe dispenser de faire un
» Règlement qui taxa lesdites Lignes à dix Sous.
» Par ce Moyen, qui prouve bien que M. de
» Marbois eſtimait l'Argent par-dessus Tout,
» ce Digne Financier mit le Requérant dans le
» cas de fe vanter d'avoir procuré une Economie
» d'environ quarante mille Livres par An ;
» car les Lignes répétées font à peu près aussi
» abondantes que les Lignes nouvelles. Ci - - - 40,000 l.

III. La Duplication gratuite de la Feuille
d'Avis du Cap-Français :

« Le Règlement qui l'a ordonnée a été occa-
» sionné par un Mémoire donné à M. BOURON,
» Conseiller, dans lequel le Requérant disait,

ADDITION, 156,000 l.

D'Autre Part, 156,000 l.

» entr'autres, qu'il y avait de l'Inconséquence à
» ce que l'Editeur des Gazettes du Port au
» Prince fût obligé de donner deux Feuilles
» d'Avis de quatre Pages chacune, par Semaine,
» tandis que l'Editeur des Avis du Cap-Fran-
» çais n'était tenu d'en fournir qu'une feule
» & de quatre Pages feulement. Bientôt après,
» M. de Marbois fe trouvant au Cap-Français,
» donna des Ordres relatifs aux Instructions du
» Requérant. Puisque pareille Libéralité forcée
» a déjà été estimée trente-fix mille Livres,
» celle-ci doit donc aussi être estimée - - - - 36,000 l.

IV. La Réduction des Prix des Imprimés pour
l'Administration de la Colonie.

« Cette Réduction a eu Lieu bientôt après fa
» Présentation des Mémoires du Requérant ;
» elle s'est encore accrue par l'Etablissement de
» la feconde Imprimerie du Port au Prince, que
» ledit Requérant avait demandée pour lui-
» même, moyennant qu'on lui affecterait les
» Ouvrages pour le Compte du Roi. Il a fallu,
» pour pouvoir plausiblement ôter ces Ouvrages
» à l'Imprimeur ancien, en mettre quelques-uns
» à l'Enchère : on l'a fait, & cette Opération
» a produit au Roi, felon le Compte-rendu de
» M. de Marbois, le vingt-cinq pour cent de
» Bénéfice. En Conséquence le Requérant peut
» encore s'attribuer l'Honneur d'avoir procuré
» un Bénéfice annuel de cinquante mille Livres,
» au moins ; ci - - - - - - - - - - - 50,000 l.
» car il lui paraît vraisemblable qu'avant la Pré-
» sentation de fes Mémoires les Imprimés pour
» l'Administration coûtaient annuellement au
» moins deux cent mille Livres. Le Requérant
» fonde cette Vraisemblance,
» 1°, Sur la Connaissance qu'il a que les

Addition, 242,000 l.

» Recensements coûtaient, à eux seuls, soixante-
» quinze mille Livres ; car il s'en imprime envi-
» ron cent mille par An, & ils étaient payés,
» avant la Présentation desdits Mémoires, à
» Raison de soixante-quinze Livres le Cent.
    » 2°, Sur la Connaissance qu'a donnée au
» Requérant le Chef du Bureau de l'Intendance
» au Port au Prince, qu'il existe au moins cent
» Espèces d'Imprimés pour l'Administration.

V. La Réduction du Prix des Factum, ou
Mémoires pour les Procès ;

    « Ils ont été taxés, par un Règlement qui
» a suivi de près la Présentation des Mémoires
» du Requérant, soixante-quinze Livres le pre-
» mier Cent, & trente-sept Livres dix Sous
» chaque autre Cent. Si le Requérant se vante
» d'avoir produit ce Règlement, ce n'est pas
» qu'il le trouve bon ; car, bien loin de là, il
» le trouve injuste & inconséquent : mais c'est
» qué le Public en a réellement profité, & qu'il
» n'y a pas grand Dommage que les Marchands
» d'Imprimés en aient souffert, parce qu'ils se
» sont dédommagés très-amplement de cette
» Perte sur beaucoup d'autres Articles. Ce Rè-
» glement est inconséquent, parce qu'après avoir
» taxé le premier Cent à un Prix trop bas, il
» taxe le second Cent à un Prix trop haut,
» puisqu'il ne vaut réellement que vingt-cinq
» Livres. Pourquoi donc M. de Marbois a-t-il
» fait cette Faute, ayant de bons Renseigne-
» ments ? C'est que plusieurs de ces Renseigne-
» ments étaient incomplets ; & certes c'était un fait
» exprès pour n'avoir pas tant de Regrets en cas
» de Réjection de la Demande. Les Mémoires
» dont il s'agit étaient, sur beaucoup de Points,
» des Eguillons de Curiosité & rien de plus ;

  » leur Auteur favait bien qu'on tire de ce qui
» est offert un Parti beaucoup moindre que de
» ce qui est demandé : En conféquence il cher-
» chait à fe faire faire des Demandes ; mais,
» malheureusement pour lui, les Chefs rufés
» qui fiégeaient alors craignirent d'avoir trop
» d'Obligation à un Homme auquel ils ne vou-
» laient pas rendre la moindre Justice, ou (ce
» qui est encore plus vraisemblable) ils craigni-
» rent d'exposer leurs Torts à un trop grand
» Jour, parce qu'il aurait fallu écrire : voilà
» pourquoi ils fe gardèrent bien de demander
» aucune Explication plus détaillée ; ils aimèrent
» mieux ne rien ftatuer fur certains Articles, &
» ftatuer mal fur quelques autres : de là l'infuf-
» fisance de leurs Rabais, de là le Vice de leurs
» Règlements fur le Changement de Format de
» la Gazette, fur le Prix des Lignes dans les
» Feuilles d'Avis, fur la Duplication du Volume
» & de la Publication des Feuilles d'Avis, enfin
» fur le Prix de la Feuille des Factum. Le Re-
» quérant évalue l'Economie annuelle fur ce
» dernier Article au moins dix mille Livres, ci - 10,000 l.
» attendu qu'elle a dû s'étendre jusque fur les
» Arrêts du Conseil.

  » A toutes ces Améliorations, le Requérant
» croit devoir joindre encore les fuivantes,
» parce que quoiqu'il ne les ait pas fpécialement
» indiquées, néanmoins on fent bien que la Con-
» viction qu'il a donnée de l'extrème Rapacité
» des Imprimeurs-Marchands, a bien dû fuffire
» pour rendre très-méfiant fur toutes leurs De-
» mandes. Le Requérant peut donc, avec juste
» Raison, s'attribuer encore le fixième Bienfait
» que voici.

VI. Les Rabais fur les Fournitures non-
imprimées des Bureaux.

Addition, 252,000 l.

D'AUTRE PART, 252,000 l.

» LA Rame du Papier appelé Grand-compte,
» qui était payée cent quatre-vingt dix-huit
» Livres, a été réduite à quatre-vingt quatre
» Livres ; & LA Rame du Papier appelé Grande-
» Tellière, qui était payée cent-cinquante Li-
» vres, a été réduite à soixante-six Livres :
» c'est ce qu'on peut voir dans LE premier
» Compte-rendu de M. de Marbois, qui est
» postérieur aux Mémoires du Requérant. Au
» surplus, vu que touts les Prix du même
» Fournisseur sont actuellement encore très-
» exhorbitants, il est permis de croire que les
» Prix de ses Fournitures étrangères à l'Art de
» l'Imprimerie sont aussi très-exhorbitants, &
» que par Conséquent l'Exaction sur ce point
» EST Encore plus révoltante qu'elle ne LE
» paraît. Le Requérant n'a pas des Connaissances
» assez positives sur cet Objet pour pouvoir
» l'évaluer ; c'EST Dommage sans doute, car
» LA nouvelle Administration EST trop sage
» pour ne pas se faire un Plaisir de récompenser
» touts les Services qu'on lui témoigne avoir
» rendus à la Patrie, & dont on lui montre
» la juste Valeur.

VII. Enfin des Rabais sur les Prix des Imprimés pour les Particuliers.

» Ces Rabais sont considérables, mais cepen-
» dant le Requérant veut bien ne pas s'en pré-
» valoir.

(2). EFFETS QUE POURRONT PRODUIRE LES
INSTRUCTIONS DONNÉES PAR LE REQUÉ-
RANT A L'HONORABLE ASSEMBLÉE, DANS
SA REQUÊTE DU 16 NOVEMBRE DERNIER.

I. Le juste Payement de la Feuille hebdoma-
daire intitulée Nouvelles diverses.

D'Autre Part, 252,000 l.

» L'Excès fur ce Point est d'environ foixante-
» douze mille Livres par Année, ci - - - - 72,000 l.
» car l'Abonnement à ladite Feuille ne vaut
» que quatre Gourdes par An, attendu que les
» Abonnés font au Nombre de deux mille deux
» cents.

II. Le juste Payement des Imprimés pour le
Service de l'Administration.

» L'Excès fur ce Point doit être évalué foixante-
» quinze mille Livres par Année. Ci - - - - 75,000 l.
» Pour trouver plus que vraisèmblable cette
» Evaluation, il faut fe rappeler ce que nous
» avons dit plus haut, que les Imprimés pour
» le Compte du Roi coûtaient annuellement
» au moins deux cent mille Livres avant la
» Présentation des Mémoires du Requérant ;
» qu'Ensuite le Rabais de vingt-cinq pour cent
» a dû les faire faire pour cent-cinquante mille
» Livres ; & Enfin que le Requérant a fait Offre
» de les faire pour la Moitié du dernier Prix,
» laquelle Offre a eu Lieu dans le petit Ecrit
» fus-relaté, intitulé Prix des Imprimés men-
» tionnés dans les Comptes-rendus de M. de
» Marbois. On voit par là que l'Imprimeur
» postulant fe propose de travailler à un Prix
» moindre des deux Tiers que n'était, il y a
» trois Ans, celui des foi-disant Imprimeurs :
» c'est un Effet qui doit paraître bien naturel
» à Messieurs les Honorables Membres de cette
» Auguste Assemblée, parce qu'ils favent touts
» ce que peut la Probité jointe au Savoir.

(3). Effets que pourront produire les
Instructions données par le Requérant dans la présente Requête.

I. Le juste Payement des Almanach de la
Colonie.   ADDITION, 399,000 l.

D'Autre Part, 199,000 l.

» Cette Rectification pourra procurer au Pu-
» blic une Economie annuelle de dix mille
» Livres, ci - - - - - - - - - -   10,000 l.
» car lesdits Almanach se vendent trois Gourdins
» & il est à la Connaissance du Requérant
» qu'il s'en débite touts les Ans au moins cinq
» mille.

(4). II. Le Don gratuit du Journal de l'Assemblée
provinciale.

   » Cette Libéralité aura Lieu si l'Honorable
» Assemblée préfère ce Genre d'Instruction gé-
» nérale au Journal des Sciences & Arts qu'a
» proposé le Requérant dans sa première Re-
» quête. Si ce nouveau Projet est mis à Exé-
» cution, on voit que deux mille deux cents
» Personnes auront pour rien ce qu'elles ne
» peuvent avoir à présent que pour la Somme
» énorme d'environ deux cent mille Livres.
» Malgré que l'Occasion de se faire valoir soit
» des plus belles pour le Requérant, il veut
» bien cependant, pour donner encore un Exem-
» ple de Modération, terminer ici touts les
» Calculs du Bien que ses Avis ont produit
» ou pourront produire : mais que l'on ne croie
» pas pour cela qu'il soit au Terme de toutes
» ses Connaissances sur cette Matière. La Co-
» médie, les Affiches de Négriers, les Billets
» d'Invitation aux Enterrements, &c. &c. &c.
» pourraient lui fournir encore de bonnes Leçons
» à donner ; mais il craindrait de déplaire à ses
» Juges, s'il entrait dans de petits détails.

III. La Perfection des Papiers publics.

   » On voudra bien dispenser le Requérant de
» dire la Valeur de ce Bienfait.

                   Total, 409,000 l.

(5) RECUEIL DE QUELQUES-UNES DES FAUTES
HABITUELLES QUI NE SALISSENT PLUS LES
PAPIERS PUBLICS, OU DU MOINS QUI N'Y
REPARAISSENT QUE RAREMENT, DEPUIS QUE
LE REQUÉRANT A CORRIGÉ L'IMPRIMERIE DU
CAP-FRANÇAIS.

On mettait	Le Requérant a fait mettre
Avis d'Administration	Avis de l'Administration
Le Cap	Le Cap-Français
Négrite	Négrillonne
Feu M. N. vivant orfévre	Feu M. N. ayant vécu orf.
Une habitation en café	Une habitation à café
Etampé sur le sein gauche	Etampé sur le côté gauche du sein
Se disant appartenir	Disant appartenir
Un cheval sous poil alezan	Un cheval de poil alezan
Sont priés de vouloir le folder	Sont priés de vouloir bien le folder
Situé au haut de la montagne	Situé au sommet de la montagne
S'adresser à Jérémie à M. N., négociant	S'adresser à M. N., négociant à Jérémie
Etat d'un Nègre épave à vendre à la barre du siége	Nègre épave à vendre à la barre du siége
Mille pieds de café	Mille cafiers
La façade est en maçonne	La façade est en maçonnerie
Rue du Bac	Rue Dauphine
Rue des Capitaines	Rue du Gouvernement
Rue du marché aux Blancs	Rue Neuve
Au bord de la mer	Quai Saint-Louis
Place Notre-Dame	Place d'Armes
Ceux qui voudront y passer	Ceux qui voudront y prendre passage
Cafiers de 12 & 14 ans	Cafiers de 12 & de 14 ans
Madame veuve N.	Madame la veuve N.
Une caféterie	Une habitation à café

On mettait	Le Requérant a fait mettre
Prendra du café, coton & indigo	Prendra du café, du coton & de l'indigo, ou prendra café, coton & indigo
Machoquer	Machoquier, ou mieux serrurier
Touts les renseignements & facilités	Touts les renseignements & toutes les facilités
Du 10 au 15 courant	Du 10 au 15 du courant
Mantègue ou mantègre	Sain-doux
Entourage	Clôture
Une Mulâtresse	Une Mulâtre
Portugaise	Portugalaise
Goëlette	Goualette
Part pour France, pour cause de maladie	Part pour la France, à cause de maladie
M. N. donne avis, ou avertit le Public, ou a l'honneur d'annoncer au Public, qu'il a reçu	M. N. a reçu
Notaires du Roi	Notaires royaux
En par l'Adjudicataire faisant toutes les fournitures	L'Adjudicataire sera tenu de faire toutes les fourn.
Ils acquerreront	Ils acquerront
Nègres marrons	Esclaves marrons
Etampe fraîchement brûlée	Etampe nouvellement brûl.
Bien corpulé	Bien proportionné
Bien éduqué	Bien élevé
Cinq Nègres & Négresses	Cinq têtes de Nègre, ou cinq esclaves de l'un & de l'autre sexe
Jupiter, griff.	Jupiter, griffe
Habitant en coton	Habitant cultivant des cotonniers
Ayant deux dents de sciées	Ayant deux dents sciées
Prévient, lors même qu'il s'agissait de choses passées	Prévient, seulement lorsqu'il s'agit de choses à venir

On mettait	Le Requérant a fait mettre
Au futur presque touts les verbes qui devaient être au conditionnel	Au conditionnel tout verbé employé dans une phrase où il y a absolument condition exprimée ou sous-entendue
Extrait des Registres du Conseil-supérieur, &c. en tête de touts les jugemens, arrêts, règlemens, sentences, déclarations.	Le vrai nom de chaque imprimé, en tête & en gros caractères ; puis un filet & ensuite Extrait des registres, &c. en une seule ligne. (Cette faute a été corrigée au Port au Prince par l'entremise de M. Bouron, conseiller, à qui le Requérant l'avait fait remarquer ; elle le fera sans doute aussi bientôt au Cap-Français, où elle a également lieu dans les divers arrêtés de l'Auguste Assemblée. Cet illustre Corps a l'esprit trop bien fait pour ne pas pardonner au Requérant une liberté qui fera profitable. Arrêté de l'Assemblée provinciale du Nord. Séance du Mars 1790. Extrait des Registres de ladite Assemblée. Telle est la manière, ou à peu près, dont il semble au Requérant qu'on devrait intituler lesdits arrêtés).

PERFECTIONS QUE LE REQUÉRANT A INDIQUÉES, MAIS QUI ONT ÉTÉ NÉGLIGÉES.

Les Affiches Américaines feraient mieux nommées Affiches de Saint-Domingue, parce que cette Dénomination représenterait plus précisément ce que l'on veut dire.

Le titre AVIS DIVERS, qui se voit à la tête d'une des divisions de la Feuille d'avis, prouve que les

Editeurs de cet ouvrage font incapables d'aucune imagination, d'aucune perfection ; car il n'est pas douteux que touts les papiers intitulés Affiches Américaines ne foient autre chose qu'un assemblage d'avis divers, classés, divisés & fubdivisés pour le foulagement du Public. Puisque le titre Avis divers convient à tout le corps, il ne faut donc pas le donner à un feul membre. Pourquoi mettre fous le titre Avis divers quantité de choses à vendre, dès qu'il y a un titre affecté pour les a Vendre ? Ne devrait-on pas les ranger touts ensemble ? Les autres avis pourraient être intitulés Affaires de succession, - Sociétés de commerce, - Adressès, - Affaires de cargaison, - Hypothèques, - aux Débiteurs, - Papiers a retirer, &c. Quand ces perfections auront été mises en pratique, chacun trouvera plus facilement ce qui l'intéresse.

(6). Conditions sans lesquelles on ne peut pas posséder légalement une Imprimerie.

I. La fcience de la Langue latiné.

Le Requérant a fait toutes fes classes dans le collége royal & de plein exercice de Vienne en Dauphiné, fa patrie.

II. La pratique de l'imprimerie en qualité d'Ouvrier, dans plusieurs villes & notamment à Paris.

Le Requérant a travaillé, en qualité d'Ouvrier, à Grenoble, à Paris, à Montauban, à Villefranche, à Vienne, & enfin au Cap-Français & au Port au Prince.

CONCLUSIONS;

Elles tendent à ce que l'Auguste Assemblée veuille bien faire donner au Requérant, par forme de récompense du bien qu'il a opéré au Cap-Français & fes dépendances,

La Feuille d'avis du Cap-Français, ouvrage dont le fieur DE Riaus s'est rendu indigne, en le faisant

payer beaucoup trop cher, & en ne faisant rien pour
s'attacher le meilleur Ouvrier qu'il ait jamais eu.

l'Almanach de Saint-Domingue, ouvrage que le
sieur DE Rians a mérité de perdre, principalement
parce qu'il y a gagné, ainsi que sur touts les autres
ouvrages de ses Ouvriers, plus que ne doit gagner
un habile Imprimeur dans le cours d'une longue vie.

Les ouvrages pour le service de l'Administration,
sur lesquels des bénéfices énormement usuraires ont
été faits par le sieur DE Rians, comme on peut le
voir dans les Comptes-rendus de M. de Marbois,
qui ne sont certainement pas pour ledit sieur DE Rians,
des titres de noblesse.

La promesse DE travailler à obliger l'Editeur de la feuille
des nouvelles à partager avec LE Requérant la somme
provenante des abonnements à ladite Feuille, pour le
mettre à même d'imprimer une autre Feuille de même
valeur, & qui contiendra ce que l'Auguste Assemblée
jugera le plus convenable.

Si l'autre demande que voici plaisait mieux que
la précédente, le Requérant s'en accommoderait
également.

Que l'Auguste Assemblée fasse délivrer au Requérant, par le Trésorier public, une somme égale
à celle produite au Cap-Français & ses dépendances
par les instructions du Requérant, pendant tout le
courant de l'année dernière.

En agréant cette humble Requête, Messieurs les
Honorables Membres de cette Auguste Assemblée
feront justice, & le Requérant aura toujours pour
eux le respect le plus profond & l'attachement le
plus inviolable.

OMISSIONS.

Page 1, ligne 13, aussi bien lui, lisez aussi bien que lui.
P. 5, l. 1, après vingt sous chacune, l. auparavant
elles étaient ordinairement payées 40 sous.
P. 7, l. 15, après d'autres articles, l. Ce règlement est
injuste, comme nous venons de le dire, parce que
le premier cent d'un factum de 8 pages qui ont 36
lignes chacune, vaut réellement cent livres.

BIBLIOTHEQUE NATIONALE DE FRANCE

3 7502 00973513 7

www.ingramcontent.com/pod-product-compliance
Ingram Content Group UK Ltd.
Pitfield, Milton Keynes, MK11 3LW, UK
UKHW022246070726
13613UKWH00005B/2143